Come guadagnare soldi stando seduto sulla sedia davanti al PC

Contenuto

Generazione di denaro online

Il web sourcing, chiamato anche guadagno su Internet, si riferisce al modo più comune di guadagnare denaro attraverso varie attività e preziose porte aperte su Internet. È diventato sempre più popolare e disponibile nell'era informatica di oggi. Ecco alcuni modi chiave in cui le persone possono fare soldi online:

Cosa è consentito con il contenuto?

La concessione in licenza dei contenuti è un piano legittimo che garantisce a una parte il permesso di utilizzare i contenuti di un'altra parte in base a determinati accordi. Questo contenuto può coprire un'ampia gamma di media, inclusi testi, immagini, registrazioni, musica, programmi e questo è solo l'inizio. La parte che rivendica la sostanza, chiamata licenziante, concede al licenziatario la possibilità di utilizzare la propria sostanza, solitamente a pagamento, fissando i limiti in un accordo di licenza.

Elementi chiave dell'autorizzazione dei contenuti:

Presentazione del contenuto: il contenuto deve essere presentato in modo chiaro, con l'ordine, il titolo e tutti i metadati applicabili specificati. Ciò garantisce che entrambi i giocatori vedano esattamente ciò che è consentito.

Estensione del permesso: caratterizza il grado di libertà concesso. Può trattarsi di elite, che garantisce la libertà solo al titolare della licenza, o di non selezione, che consente a diversi gruppi di utilizzare la sostanza contemporaneamente.

Durata: la durata dell'approvazione dovrebbe determinare per quanto tempo la sostanza può essere utilizzata. Questo può essere per uso singolo, per un periodo di tempo specifico (ad esempio un anno) o per uso infinito.

Privilegi regionali: questa parte determina dove la sostanza può essere utilizzata. Potrebbe trattarsi di una trasmissione locale, globale o globale.

Compensazione: i proprietari dei contenuti decidono come verranno compensati per l'utilizzo dei loro contenuti. Ciò può includere commissioni una tantum, sovranità ricorrenti o altre strutture di pagamento rateale.

Restrizioni sull'uso: gli accordi di autorizzazione spesso stabiliscono restrizioni sull'uso della sostanza. Queste restrizioni possono includere la modifica, il riutilizzo o la concessione in sublicenza.

Diritto d'autore e proprietà: l'accordo dovrebbe chiarire lo stato del diritto d'autore del contenuto e confermare che il concessore di licenza ha il diritto legittimo di concederlo in licenza.

Dichiarazione finale: questo quadro specifica le circostanze in cui il contratto di autorizzazione può essere risolto e protegge entrambi gli attori in caso di dibattito o interruzione.

3. Tipi di accordi di approvazione dei contenuti:

A. Autorizzazione selettiva: garantisce al licenziatario privilegi d'élite, il che significa che nessun'altra parte può utilizzare la sostanza durante il periodo di autorizzazione.

B. Permesso non d'élite: consente a più licenziatari di utilizzare la sostanza contemporaneamente, sebbene il produttore della sostanza spesso lo consenta solo per poche riunioni.

. Autorizzazione perpetua: dà al licenziatario libertà illimitata sulla sostanza purché accetti i termini concordati.

D. Autorizzazione monouso: concede al licenziatario l'uso della sostanza per un caso individuale o per un compito o missione specifica.

e. Autorizzazione non sovrana: consente al licenziatario di utilizzare la sostanza senza ripetuti pagamenti di sovranità. Di solito pagano una tariffa una tantum per l'utilizzo della sostanza.

4. Sicurezza dei contenuti tramite accordi di autorizzazione:
I creatori di contenuti possono proteggere il proprio lavoro attraverso accordi di autorizzazione stabilendo accordi chiari e approfonditi. Specificando le restrizioni d'uso, verificando la coerenza e registrando i propri diritti d'autore presso gli specialisti pertinenti, i produttori possono rafforzare la propria posizione legale.

5. Attività che utilizzano contenuti, ove consentito:
Quando il contenuto viene concesso in licenza, viene utilizzato in diversi settori, tra cui distribuzione, media e intrattenimento, pubblicità,

fotografia stock, programmazione e innovazione. Svolge un ruolo importante in queste aree consentendo l'uso legittimo delle risorse creative.

In sintesi, la distribuzione dei contenuti è una parte essenziale dell'attività di creazione e distribuzione. Comprenderne le sottigliezze e le complessità è fondamentale per i creatori e i distributori di contenuti, poiché consente loro di condividere il proprio lavoro mantenendo il controllo sul suo utilizzo, proteggendo i propri privilegi e generando entrate dalle proprie pubblicazioni.

AUTOPUBBLICAZIONE

3. Tipi di accordi di approvazione dei contenuti:

A. Autorizzazione selettiva: garantisce al licenziatario privilegi d'élite, il che significa che nessun'altra parte può utilizzare la sostanza durante il periodo di autorizzazione.

B. Permesso non d'élite: consente a più licenziatari di utilizzare la sostanza contemporaneamente, sebbene il produttore della sostanza spesso lo consenta solo per poche riunioni.

C. Autorizzazione perpetua: dà al titolare libertà illimitata sulla sostanza purché accetti le condizioni concordate.

D.   Autorizzazione   monouso: concede al licenziatario l'uso della sostanza per un caso individuale o per   un   compito   o   missione specifica.

e. Autorizzazione non sovrana: consente   al   licenziatario   di utilizzare la sostanza senza ripetuti pagamenti di sovranità. Di solito pagano una tariffa una tantum per l'utilizzo della sostanza.

4. Sicurezza dei contenuti tramite accordi di autorizzazione:
I creatori di contenuti possono proteggere   il   proprio   lavoro attraverso accordi di autorizzazione stabilendo   accordi   chiari   e approfonditi.   Specificando   le restrizioni d'uso, verificando la coerenza e registrando i propri diritti d'autore presso gli specialisti

pertinenti, i produttori possono rafforzare la propria posizione legale.

5. Attività che utilizzano contenuti, ove consentito:

Quando il contenuto viene concesso in licenza, viene utilizzato in diversi settori, tra cui distribuzione, media e intrattenimento, pubblicità, fotografia stock, programmazione e innovazione. Svolge un ruolo importante in queste aree consentendo l'uso legittimo delle risorse creative.

In sintesi, la distribuzione dei contenuti è una parte essenziale dell'attività di creazione e distribuzione. Comprenderne le sottigliezze e le complessità è fondamentale per i creatori e i distributori di contenuti, poiché consente loro di condividere il proprio lavoro mantenendo il controllo sul suo utilizzo, proteggendo i propri privilegi e generando entrate dalle proprie pubblicazioni .

7. Stampa su richiesta: le amministrazioni di stampa su richiesta (unità) rappresentano un vantaggio cruciale nell'editoria indipendente. Consentono agli autori di stampare libri su richiesta, eliminando la necessità di tirature dirette e costi di capacità. Ciò garantisce una metodologia più pratica.

8. E-book: gli e-book sono un modello ben noto nell'editoria indipendente grazie alla loro comodità e apertura. Gli autori possono compilare i loro articoli su

tablet o utilizzare la gestione delle modifiche fornita da fasi di pubblicazione indipendenti.

9. Marchio di marca: costruire un marchio di marca è essenziale per il successo a lungo termine. Gli scrittori dovrebbero pensare alla loro specializzazione compositiva e al gruppo di interesse ideale e creare una personalità di scrittore prevedibile nelle loro opere.

10. Distribuzione: i libri pubblicati in modo indipendente possono essere distribuiti in tutto il mondo attraverso rivenditori e librerie online che sfruttano la stampa su richiesta. Alcuni autori scelgono anche di esplorare modelli di dischi per una maggiore apertura.

L'editoria indipendente, con il suo potenziale di controllo inventivo e produttività, offre una strada entusiasmante per autori ed editori locali e internazionali. In ogni caso, è importante affrontarlo con competenza, dedizione e una buona conoscenza del mercato. In definitiva, l'editoria indipendente offre ai creatori l'opportunità di condividere le proprie storie e competenze con il mondo alle loro condizioni.

SINDACAZIONE DEI CONTENUTI

La partnership sui contenuti è un processo importante nella distribuzione digitale e una strategia può aiutarti, come autore ed editore, a raggiungere un pubblico più ampio. Ciò include la ripubblicazione dei tuoi contenuti su siti o palchi esterni per espandere la portata e il coinvolgimento dei tuoi contenuti. Ecco una guida che ti aiuterà a esplorare il mondo delle partnership sui contenuti.

1. Determina i tuoi obiettivi:
Prima di iniziare la partnership sui contenuti, è importante caratterizzare i tuoi obiettivi. È sicuro dire che stai cercando truffe sull'oro, più traffico sul tuo sito web

o fondamentalmente un esperto laico nel tuo campo? Il raggiungimento dei tuoi obiettivi guiderà il tuo sistema.

2. Contenuti premium:
I contenuti della tua attività dovrebbero essere della massima qualità. In fondo, è ben informato, elegantemente composto e accattivante. Contenuti di scarsa qualità non produrranno risultati ideali.

3. Selezionare le fasi appropriate:
Identifica fasi e luoghi rilevanti per la tua area di competenza e gruppo di interesse. Questi devono avere una buona reputazione e un buon livello di traffico. Alcune delle opzioni più popolari includono Medium, LinkedIn e siti Web specifici del settore.

4. Riutilizza, non copiare:
Quando colleghi il contenuto, cerca di non copiarlo interamente. A parità di condizioni , puoi riutilizzarlo con lievi variazioni, come ad esempio: utilizzare un titolo o una presentazione alternativi o aggiungere nuove unità di conoscenza. Ciò può aiutare a evitare problemi di ottimizzazione del sito Web relativi alla copia del contenuto.

5. Attribuzione legale:
Assicurati sempre di seguire la corretta attribuzione dalla prima fonte. Ciò protegge i tuoi diritti e ti consente di lavorare con ricerche e web crawler.

6. Accordi di partenariato:

Supponendo che tu stia lavorando con distribuzioni più grandi, potrebbero avere regole e accordi di partnership in vigore. Assicurati di comprendere questi termini e di seguire tutti i loro requisiti.

7. Considerazioni per migliorare la progettazione del sito web:
Tieni presente che i contenuti dei partner non contribuiscono tanto al miglioramento del design del tuo sito web quanto i contenuti unici. In ogni caso, può sicuramente indirizzare il traffico e mostrare il tuo talento.

8. Coerenza:
Abbina la tua sostanza in modo coerente. La coerenza è fondamentale per costruire un gruppo di persone e coinvolgere i lettori.

9. Espandi i contenuti del tuo partner:

Nell'ambito della partnership, svilupperai i tuoi articoli sulla tua base, ad es. B. intrattenimento virtuale, brochure elettroniche e il tuo sito web. Incoraggiare la conversazione e la collaborazione.

10. Analizza i risultati:

Utilizza i dispositivi di revisione per seguire la presentazione dei contenuti del tuo partner. Visualizza metriche come traffico, coinvolgimento e conversioni. Queste informazioni possono aiutarti a perfezionare il tuo sistema nel tempo.

SCRITTURA INDIPENDENTE

Posso sicuramente aiutarti a comporre in modo indipendente. Come saggista ed editore, questi dati possono essere preziosi per il tuo lavoro. La scrittura freelance può essere una carriera gratificante che ti consente di mostrare il tuo ingegno e guadagnarti da vivere con la tua passione. Ecco una guida dettagliata per iniziare a comporre come freelance:

1. Descrivi la tua area di competenza: scopri a quali argomenti o corsi sei generalmente interessato e quali conoscenze hai. Questo ti aiuterà a scoprire la tua area di competenza e a concentrarti sui clienti giusti.

2. Crea un portfolio: raccogli i tuoi migliori test di scrittura. Se hai appena iniziato, valuta la possibilità di scrivere articoli di prova o post di blog su argomenti che ti interessano per mostrare le tue capacità.

3. Stabilisci una presenza su Internet: crea un sito o un blog esperto in cui i potenziali clienti possano darti un'occhiata più da vicino. È uno strumento fondamentale per lo sviluppo personale.

4. Passaggi indipendenti: unisciti a siti di outsourcing come Upwork, Consultant o Fiverr. Questi passaggi mettono in contatto i giornalisti con i clienti alla ricerca di contenuti diversi.

5. Rete: partecipa a incontri e studi di scrittori e unisciti a reti di scrittori. L'amministrazione del sistema può aiutarti a comunicare con i clienti attesi e con altri scienziati.

6. Presentazione e raccomandazioni: fare presentazioni e suggerimenti individuali quando si scrivono posizioni. Mostra le tue capacità e come puoi offrire un incentivo al cliente.

7. Ricerca i tuoi clienti: prima di intraprendere un incarico, ricerca i tuoi clienti per assicurarti che siano affidabili e pagheranno per il tuo lavoro.

8. Prezzi: determina la struttura della tua valutazione. Puoi

addebitare per parola, per ora o per progetto. Ricerca gli standard del settore per stabilire tariffe affidabili.

9. Usa il tuo tempo in modo produttivo: la composizione freelance richiede un alto livello di capacità di utilizzo del tempo. Stabilire e rispettare i tempi limite per mantenere lo status di esperto.

10. Contratti: crea sempre un accordo scritto con i tuoi clienti. Questo deve specificare l'entità del lavoro, i termini di pagamento rateale e le scadenze.

11. Revisioni: preparati ad apportare modifiche di fronte alle critiche dei clienti. La corrispondenza chiara è importante.

12. Apprendimento continuo: rimani aggiornato con modelli e procedure di scrittura. Il settore della scrittura sta cambiando, quindi continua a sviluppare le tue capacità.

13. Spese e fondi: monitora i tuoi stipendi e le spese a fini contabili. Considera l'idea di chiedere consiglio a un consulente finanziario.

14. Costruisci un marchio: nel lungo termine, lavora per sviluppare i punti di forza di un saggista. La coerenza nella qualità e nello stile può aiutarti a distinguerti dalla massa.

15. Marketing: promuovi la tua amministrazione attraverso

intrattenimento basato sul Web, post di blog e altri metodi di presentazione per attirare ulteriori clienti.

16. Monitorare i licenziamenti: i licenziamenti sono importanti per il settore della scrittura freelance. Divertitevi e andate avanti.

17. Rimani competente: rimani aggiornato con competenze incredibili durante tutto il tuo impegno con i clienti, anche se hai clienti problematici.

Ricorda, scrivere in modo indipendente può essere impegnativo, ma con dedizione e coerenza puoi costruire una carriera di successo. Una gita comporta un apprendimento costante e un adattamento alle mutevoli esigenze dell'azienda. Ti auguro buona fortuna nei tuoi tentativi di scrivere per te stesso e spero che questa guida ti aiuti nel tuo viaggio come saggista e scrittore.

Servizio di marketing dei contenuti

La promozione dei contenuti include varie amministrazioni che possono aiutarti a raggiungere i tuoi obiettivi. Ecco alcune considerazioni chiave da tenere in considerazione:

Creazione di contenuti: questo è l'obiettivo della presentazione dei contenuti. Articoli, post di blog, note, infografiche e altro ancora possono essere creati in qualsiasi modo immaginabile per attirare il tuo pubblico. La chiave è fornire dati importanti che risuonino con i tuoi lettori.

Design del sito web migliorato: è urgente garantire che i tuoi contenuti siano migliorati dai web crawler. Ciò include la ricerca di parole chiave, il miglioramento del design del sito Web sulla pagina e le procedure di collegamento esterno per determinare quanto siano fuorvianti i tuoi contenuti negli indici web.

Leader dell'intrattenimento web: una presentazione di contenuti di successo spesso comporta l'evoluzione dei contenuti attraverso diverse fasi dell'intrattenimento web. Per questo aiuto, è importante prenderti cura della tua presenza di intrattenimento online, creare contenuti condivisibili e attirare il tuo pubblico.

Promozione via e-mail: questo aiuto include la creazione e l'invio di missioni e-mail ai tuoi sostenitori. È un ottimo modo per coltivare lead, creare connessioni e mantenere informato il tuo pubblico.

Appropriabilità dei contenuti: presentare i tuoi contenuti al pubblico giusto è essenziale. Utilizzando diversi canali di appropriazione, ad es. B. I post dei visitatori su determinati siti Web o l'uso di partnership sui contenuti possono espandere la tua portata.

Revisione e annuncio: per valutare la fattibilità dei vostri sforzi per la presentazione della sostanza, è essenziale rivedere le informazioni. Ti aiuta a prendere decisioni informate e affina le tue tecniche.

Migliorare la metodologia dei contenuti: creare una procedura sulla sostanza adatta ai tuoi obiettivi aziendali è di grande importanza. Ciò include la caratterizzazione del tuo pubblico, la creazione di un piano di contenuti e la pianificazione del tipo di contenuto che desideri creare.

Come saggista ed editore, hai un vantaggio unico nel mondo della pubblicità sostanziale. È importante padroneggiare la capacità di connettersi a materiale ben organizzato e linguisticamente valido. Abbinare tutto ciò a servizi di presentazione appropriati e allegri ti aiuterà a raggiungere un pubblico più ampio e a raggiungere i tuoi obiettivi, sia che si tratti di far avanzare il tuo lavoro o di supportare altre organizzazioni nei loro sforzi promozionali.

Ricorda, il percorso verso una pubblicità efficace non consiste solo nel creare contenuti, ma anche nel comprendere i bisogni e le inclinazioni del tuo pubblico e nel trasmettere in modo affidabile contenuti che gli interessino. Questo approccio individuale può avere un impatto significativo sul successo della pubblicità della tua sostanza.

Marketing di affiliazione

La promozione dell'adesione è un piano d'azione dinamico e utile basato su Internet che ha guadagnato notorietà sia a livello globale che locale. Come saggista e scrittore, probabilmente hai familiarità con questa idea; Tuttavia, questo dovrebbe essere pensato in modo più dettagliato.

Fondamentalmente, l'esposizione delle vetrine è una tecnica di presentazione basata sulla presentazione in cui individui o organizzazioni promuovono prodotti o servizi attraverso connessioni derivate basate sui loro fondamenti. Queste fasi possono essere siti Web, registri Web, intrattenimento online o persino brochure elettroniche. Quando un ospite della tua fondazione utilizza un login affiliato ed effettua un acquisto, ricevi una commissione.

Ecco una panoramica degli elementi cruciali del reclutamento dei membri:

Cerca progetti di affiliazione: una volta scelta un'area di competenza, dovrai identificare i programmi spin-off che offrono articoli o servizi relativi alla tua area di competenza. Molte organizzazioni, da Amazon ad alcuni negozi online, offrono programmi di affiliazione.

Creazione di contenuti: come saggista ed editore, la tua solidarietà sta nella creazione di contenuti. È possibile creare articoli, post di blog, recensioni di articoli, registrazioni o altri contenuti inclusi articoli o amministrazioni derivati. I tuoi contenuti dovrebbero essere educativi e favorevoli al tuo pubblico.

Pubblicità: le tue connessioni secondarie dovrebbero essere chiaramente radicate nella tua attività. È importante vendere articoli o servizi in un modo che non sembri eccessivamente promozionale. Nel complesso, si tratta di tenere conto delle esigenze e dei problemi dei tuoi lettori, con l'articolo del partner come risposta.

Partecipa a un sondaggio: la maggior parte dei programmi di abbonamento offre i seguenti strumenti per aiutarti a rivedere la presentazione dei contatti. Queste informazioni sono fondamentali per ottimizzare i tuoi sforzi pubblicitari.

Conformità: è importante rispettare le politiche pubblicitarie degli affiliati e i requisiti di divulgazione, sia a livello globale che locale. Esprimi i tuoi rapporti con i membri ovviamente nella tua sostanza.

Costruire la fiducia: la fiducia è la chiave per lo sviluppo dei soci. I tuoi lettori dovrebbero fidarsi dei tuoi suggerimenti. Quindi è importante dire la verità e consigliare solo prodotti o servizi che ti piacciono veramente.

Evolvi ed espandi: man mano che ottieni approfondimenti e risultati, puoi intensificare gli sforzi di presentazione dei tuoi membri rendendoli più felici, avventurandoti in aree di competenza correlate o esplorando vari progetti collaterali.

Apprendimento costante: il panorama del supporto ai partner è in continua evoluzione e appaiono nuove procedure e sistemi. Come saggista ed editore, rimanere aggiornati è importante per il tuo successo.

In sintesi, la ramificazione offre una grande opportunità a giornalisti ed editori di personalizzare i propri contenuti fornendo allo stesso tempo informazioni importanti al proprio pubblico. Concentrandoti su contenuti di qualità, creando fiducia e perfezionando continuamente i tuoi metodi, puoi trarre vantaggio dalla presentazione dei tuoi affiliati sia a livello locale che globale.

CORSI ONLINE ED E-LEARNING

I corsi online e l'e-learning hanno recentemente cambiato la sede di preparazione. Come autore ed editore, probabilmente sei consapevole dell'impatto fondamentale che questi sistemi di apprendimento modernizzati hanno avuto sui mercati più ampi e circostanti. Possiamo entrare più nel dettaglio su questo argomento?

L'ascesa del tutoraggio su Internet:

Internet ha aperto enormi possibilità agli individui di accedere a dati e funzionalità comodamente dalla propria casa. Grazie alla metodologia dei corsi online e delle fasi di apprendimento online, le persone oggi hanno l'opportunità di apprendere al proprio ritmo e secondo i propri desideri. Ciò ha portato ad una democratizzazione della consulenza così come alle barriere geografiche individuali.

Offerta del corso:

Uno degli aspetti più interessanti dell'e-learning è il gran numero di argomenti e aree disponibili. Dalle materie accademiche come scienza e storia alle competenze del mondo reale come la programmazione, la cucina e, sorprendentemente, la scrittura esplorativa (che è particolarmente rilevante per il tuo profilo), c'è qualcosa per tutti. I corsi online soddisfano i diversi interessi ed esigenze degli studenti.

Intervallo totale:

In qualità di distributore generale e locale, probabilmente hai notato la portata globale della consulenza online. Studenti e professionisti possono seguire corsi di scuole ed esperti di tutto il mondo. Questa globalizzazione della consulenza apre ulteriori opportunità per la creazione di contenuti, poiché puoi pensare alla distribuzione di materiale che avrà risonanza con un gruppo globale più ampio.

Apprendimento adattivo:

43

Le fasi di apprendimento online spesso combinano impulsi di apprendimento flessibili che modificano le opportunità di sviluppo. Questa moda si basa sulle esigenze e sugli stili di apprendimento di ogni studente. Questo è un luogo entusiasmante per autori ed editori, poiché la creazione di contenuti flessibili e coinvolgenti può porre limitazioni significative.

Sfide e opportunità di ingresso:

Sebbene la disponibilità di Internet offra vari vantaggi, presenta anche dei problemi. Ad esempio, i furti con scasso nel campo scientifico sono una preoccupazione fondamentale. In qualità di autore ed editore, chiarisci cosa significa ottimo contenuto. Considerare priorità di ricerca come la falsificazione di prove riconoscibili e modi per diventare consapevoli dell'affidabilità della consulenza online.

Il destino inevitabile della leadership:

Insomma, ti aspettano corsi online ed e-learning. In qualità di autore ed editore, puoi svolgere un ruolo importante nel plasmare il destino della scrittura fornendo contenuti straordinari e di alta qualità che promuovono le opportunità di crescita online. Mentre il mondo dell'apprendimento online continua ad evolversi, il tuo lavoro complessivo può aiutare a migliorare dati e capacità.

Crowdfunding e giveaway

Sono due elementi fondamentali per finanziare varie iniziative fantasiose, soprattutto nel campo della composizione e della distribuzione. Come saggista ed editore, probabilmente sei consapevole dell'importanza di queste strategie di finanziamento sia a livello globale che locale.

Raccolta di fondi:

Negli ultimi dieci anni il crowdfunding ha acquisito enorme importanza e offre a giornalisti e distributori la possibilità di finanziare i propri progetti. Piattaforme come Kickstarter, Indiegogo e GoFundMe offrono alle persone l'opportunità di condividere le proprie idee creative e ricevere sostegno finanziario da un vasto pubblico. I ricercatori possono utilizzare queste fasi per sovvenzionare i loro progetti di libri, mentre gli editori possono prendere in considerazione il crowdfunding per supportare distribuzioni uniche o pensiero creativo.

Il percorso verso un crowdfunding di successo sta nel creare una storia avvincente che risuoni con i potenziali benefattori. La tua esperienza come saggista è una risorsa importante. Parla del tuo compito, del motivo per cui è importante e del motivo per cui le persone dovrebbero aiutarti. Offri premi interessanti come sponsor, ad es. Ad esempio, duplicati contrassegnati del tuo libro, contenuti in primo piano o inventario di versioni limitate.

Coinvolgere la folla è fondamentale durante tutta la missione. Aggiornamenti regolari, biglietti di ringraziamento e, sorprendentemente, contenuti di background possono aiutarti a tenere il passo con l'entusiasmo dei tuoi alleati.

Fai una donazione:

I regali, d'altro canto, sono spesso una forma più semplice di sostegno finanziario per scienziati e distributori. Possono provenire da una varietà di fonti, comprese persone che apprezzano il tuo lavoro, associazioni artistiche o premi istituzionali.

Quando si cercano regali, è importante sottolineare il valore della propria composizione o regalo per la società, la cultura o un territorio specifico. Menziona i tuoi risultati e il modo in cui il tuo aiuto precedente ha contribuito alla tua prosperità. Le richieste individuali e sincere possono essere estremamente praticabili.

Prendi in considerazione la possibilità di collaborare con

biblioteche, scuole o associazioni professionali vicine che potrebbero essere interessate a sostenere i tuoi sforzi di composizione. Stabilire rapporti forti con queste istituzioni può aprire preziose porte ai doni, soprattutto se il tuo lavoro è in linea con i loro scopi e obiettivi.

Insomma, il crowdfunding e le donazioni giocano un ruolo cruciale nell'esistenza di un saggista e di un editore. Usare le tue capacità di scrittura per creare resoconti accattivanti e interagire con il tuo pubblico è essenziale per il successo in entrambi questi percorsi di sovvenzione. Che tu stia cercando supporto globale tramite crowdfunding o supporto locale tramite omaggi, la tua capacità di raccontare una storia avvincente migliorerà notevolmente le tue opportunità di avanzamento finanziario nella scrittura e nella distribuzione.

VERIFICA DEL CONTENUTO:

Naturalmente, come saggista e autore, posso affidarti la direzione e la scrittura dei tuoi contenuti. La valutazione e la modifica dei contenuti sono fasi importanti nel processo di creazione e distribuzione.

Revisione dei contenuti:

Importanza del contenuto: assicurati che il tuo contenuto sia coerente con il messaggio e il pubblico previsti. Il punto è chiaro e affronta le questioni di cui hai letto?

Edilizia ed elettricità: controlla se il tuo materiale ha una struttura uniforme. Dovrebbe iniziare con i punti forti, seguire dai temi centrali effettivi e infine concludersi.

Chiarezza e compattezza: assicurati che i tuoi testi siano comprensibili e concisi. Evita linguaggio o frasi troppo complessi che potrebbero confondere il lettore.

Lingua e accentuazione: correggere eventuali errori di sintassi e di accento. Assicurati che i tuoi contenuti seguano le linee guida per un inglese corretto.

Tono e voce: assicurati che il tono e la voce dei tuoi contenuti corrispondano all'argomento e al pubblico.

La modifica :

Correzione di bozze: controlla attentamente i tuoi contenuti per eventuali errori tipografici, errori di ortografia e piccoli passi falsi linguistici.

Riscrivi: se importante, rielabora aree dei tuoi contenuti per migliorare ulteriormente la chiarezza, la forza e la qualità generale.

Verifica dei fatti: conferma l'accuratezza di eventuali fatti o dati presenti nel tuo materiale.

Coerenza: assicurati un uso coerente di stile, disposizione e formulazione durante tutto il tuo lavoro.

Citazioni: assicurati che tutte le fonti o i riferimenti siano citati correttamente, supponendo che il tuo contenuto contenga esplorazioni o citazioni.

Feedback: valuta la possibilità di sollecitare recensioni da altri, come lettori beta o singoli autori, per ottenere prospettive alternative sul tuo lavoro.

Ricorda che, come saggista e scrittore, è essenziale tenere d'occhio la qualità e l'onestà della tua scrittura. Vai avanti e forniscici maggiori informazioni sulla sostanza specifica per cui hai bisogno di aiuto e potrò fornirti consigli più personalizzati.